돌의 카톡

변방 38집

돌의 카톡

변방동인 엮음

지혜

책머리에

우주도 둥글고, 지구도 둥글고, 그 모든 것이 다 둥글다. 중심도 없고, 주변도 없다. 시작도 없고, 끝도 없다. 모든 것이 가고 모든 것이 되돌아 오는 곳에서 우리 인간들은 시작과 끝, 중심과 주변을 나누지만, 그러나 언제, 어느 때나 혁명은 일어난다.

혁명은 언어의 혁명이고, 언어의 혁명은 시의 혁명이다. 대한민국 울산에서 11명의 '변방 동인들'이 제38집『돌의 카톡』을 쏘아 올린다. "시작 없는 끝", "끝 없는 시작"의 "돌의 카톡"으로 언어의 혁명을 이룩하고, 이 언어의 혁명을 통해서 현대시의 새역사를 쓰고 있는 것이다.

2023년 가을

| 차례 |

박종해

신발에 대한 경배 외 5편

박 종 해

겨우 한 뼘 반 밖에 안되는 신발이
나의 칠십 킬로그램 육신을 담고
이리저리 다닌다는 것은 실로 놀라운 일이다.

나의 몸무게가 어느 한 쪽으로 기울지 않게
균형을 잡으며 세월의 곡예줄 위를
떨어지지 않고 건너간다는 것은
정말 갸륵한 일이다.

내가 문턱에 앉아
두 개의 신발을 노역에서 해방시켜 주려고 할 때
나는 몸을 뒤로 젖히거나 뻣뻣하게 세우지 않는다.

나는 신발을 대하면
나도 모르게 저절로 몸을 굽혀 고개 숙인다.
그것은 나를 데리고 다니며
충심으로 나를 섬겨온 신발에 대한
감사의 인사인지도 모른다.

폭염

나뭇가지 위에 달과 별이 걸려있다.
꼼짝하지 않고 걸려있다.
바람이 불어야 나뭇가지가 흔들리고
달과 별도 날라 갈텐데.
바람도 맥이 풀려 드러누운 모양이다.
여름밤은 지루하고 지겹다.
달과 별이 나뭇가지에 걸려 꼼짝하지 않는 걸 보면
세월은 지금 정지하고 있는가 보다.
정말이지 세월이 발목 잡혀 가지 않는다면
무더위 쯤이야 견딜 수 있지.
바람도 숨을 멈춘 여름밤
세월이 가지 않고 나뭇가지에 걸려있다.

허무의 점 하나

아무것도 정말 아무것도 아닌 것이 나를 괴롭히고
정말이지 아무것도 아닌 것이 나를 잠 못들게 하지만,
헤아릴 수 없는 밤 하늘의 별을 보고
광막한 우주를 생각 할 때
내가 괴로워 하고 분노하게 만드는 저것들은
좀벌레의 털에 지나지 않는 것

억만년 세월이 흘러가면
지금 내가 살아가고 있는 시간은
하나의 순간
내가 살고 있는 곳은 하나의 점
아니 점의 억만분의 일, 순간의 억만분의 일도 아니지.

괴로워 하고 분노하는 이 부질없는 것들에 얽매여
한순간을 몇천 년이나 되는 것처럼 여기는
이 숙맥을 무엇이라 말해야 하나.

세상의 안 과 밖

거울 밖에 있는 내가 거울 안쪽을 복사한다
거울 속에 들어가 있는 나는 그 안쪽에서만 생활하고
밖에 있는 나는 밖에서만 사는데 길들어져 있는데
그 속을 탐색할 때마다 거울 속의 그는 나를 닮아서
자꾸만 낡아져가고, 요즈음은 아주 낡아서 주름살 투성이의
얼굴이 나를 맥없이 쳐다보고 있지 않는가
거울 속엔 세월이 정지되어 있지만, 실은 거울문을 열고
들어가면, 거기 홍안의 소년이 눈부신 햇살 속에 모습을
드러내고 진초록빛 나뭇잎새에 싸여 싱싱하게
빛나고 있지 않는가. 그는 그 속에 들어박혀 있어서
누구도 꺼낼 수가 없다. 거울 밖의 세상은 시시각각
변해서 어느새 빛바랜 몰골이 낯선 풍경 속으로
나를 떠밀고 가고 있다.
다시 돌아와 거울 속을 복사하려해도 그것은 그전에
내가 보던 거울이 아니다. 거울 문을 열고 들어가 보면
나의 애잔하고 부조리한 내력이 또아리 치고 있어,
후회와 자책이 실실이 풀려나와 회한에 젖는다.
그 안쪽의 사연들을 복사하여 세상 밖으로 전송하려 해도
이미 나는 기진맥진하여 구름처럼 소멸하고 만다.

만추晩秋의 길을 가며

어느새 나도 나목이 되어
가을을 보내는 문턱에 서 있다.
푸른 초원과 무성한 숲속
새와 짐승이 싱그러운 햇살 속에
풋풋한 과일처럼 영글던 한 때
나의 젊음이 거기에 있었다.

세월의 물결이 휘살 지으며 퍼져가는 잔주름
다리를 절며 걸어가는 나에게
찬연한 의상을 거두어 갈 하늘 한 자락이
어느새 벌써 단풍나무 그늘까지 내려와 있다.

문득 뒤돌아보니 무수한 가닥으로 실타래처럼 얽힌
가뭇한 길 위에 내가 걸어왔던 발자국도 지워지고
기억 밖으로 가물가물 거리며
바로 어제런듯 찬연한 무지개도 사라지고 없다.

낙엽이 몇마디 언어로 뒹굴고 있는 길 위에서
내가 가야할 길이 실루엣처럼 얼비친다.
노랗게, 혹은 빠알갛게 무늬지어
한 생애를 물들이고 있다.

병영성을 거닐며

병영성을 거닐며
성내의 가가호호를 내려다 보면
어디선가 만세소리, 총소리, 울부짖는 소리 들린다.
1919년 4월4일
병영초등학교 운동장, 축구공을 차는 것을 신호로
폭죽처럼 푸른하늘로 치솟았던 만세의 함성
주사문, 엄준, 문성초, 김응룡 의사가
왜적의 총탄에 순국하고
스물두 분의 애국지사가 혹독한 고문을 당하여
옥고를 치렀던 오! 거룩한 병영 3.1만세운동
주사문 의사의 손자 북구문화원 주영철 부원장은
왜적이 급히 매장한
할아버지의 무덤을 찾지 못해
오늘도 애타게 황방산을 헤매고 있다
일백년이 지난 지금도 병영성을 거닐면
잃어버린 조국을 찾아 왜적의 총칼에도 당당히 일어선
애국선열의 우렁찬 독립만세 소리 들린다.

신춘희

가방 외 6편

신 춘 희

　김소월백석윤동주정지용서정주김영랑이육사유치환김춘
수천상병오규원정현종최승호이준관김경주황병찬황인찬박
준유하기형도고정희김영인장영수오탁번이승훈정진규황인
숙유재영이우걸윤금초박시교민병도문무학이정환박기섭정
완영김상옥안도현문정희김혜순강은교이시영이성복함민복
이형기고은신경림황동규김영태마종기최영미김종길김남조
최하림이근배김종해서정춘김지하정호승김수영박인환김정
환이문재이수명권혁웅김이듬문태준한용운박용래박재삼이
용악김용택신동엽박목월박두진조지훈김기림이상김광균김
종삼신석정노천명기형도김민부임홍재송유하김만옥이경록
박석수마광수박봉우임화오장환변영로신동문허수경김영승
김이듬황지우김종철이병기이은상박용철한하운이해인이장
희정희성김준태도종환민영조태일강은교조오현이성부김명
수김규동이선관김승희정훈김광규조운최승자이가림노향림
복효근나희덕장석남문태준이성복박태일박권숙김보람

　　그리고, 최승자⋯⋯

　가죽으로 누비질한 호모사피엔스 거나 혹은
　호모데우스들의 이상한 집

애틋해서 나는 운다

내 스무 살 즈음에 어머니가 떠주신 스웨터

애야, 어서 입어봐라, 날이 몹시 차구나

떠나신 네 아빠의 것을 풀어서 다시 짰다

머리에 씌우고, 두 팔을 껴주고

따스한 털가슴 쓸어내려 주면서

아이구, 이게 누구야, 신혼의 내 신랑 같구나

감격한 표정으로 눈물까지 보이시던

어머니의 유품 같은 수제품 앞에 두고

이제는 작별해야 하는데, 한참을 망설인다

\>

설레지 않으면 내처야 한다지만,

아름다운 어느 한 시절이 노을처럼 밀려와

스웨터 꼬옥 품어 주며, 애틋해서 나는 운다

그래서 나만 자꾸 쓸쓸해진다

시가 무슨 소용있을까

풀잎 하나 흔들지 못하는데

심금을 울리지도 못하는데

산전수전 다 겪은 유행가를 따라갈 수도 없는데

시가 무슨 의미 있을까

고생하는 언어에게 위로도 못하면서

낙담에 대해 망연자실에 대해

손수건 한 장 슬며시 건네지도 못하면서

지병을 위해 꽃다발 들고 문병도 못하면서

저 홀로 거룩하고 존엄한 척 한다

>

착하다 착한 부끄러움의 하소에 공명할 줄도 모르면서

시는 지극히 사적인 편애의 장르가 되고 말았다

언제 뼈 으스러지듯 부둥켜안고 울어볼 수 있을까

시와 나는 동상이몽이다

수족관

범고래가 가슴으로 들어오는 저녁

유리벽은 자유로 향하는 통로인가

살아서 해체가 되느니 죽어서 살겠다고

하얀 바다를 거부하고 필사적으로 헤엄쳐 오는 범고래

영생은 지옥을 건너야 깃들 수 있는 천국인가

나 역시 꿈이 없는 검은 수족관인데

제주 앞바다가 아닌데, 불쌍하여라, 젖빨이동물

육지의 풀밭에 닿기도 전에

무너지는 수평선, 억장에 속수무책이다

늦가을 저녁의 하얀 수족관,

>

자신을 위해 쏟아야 눈물도 감도가 뜨겁다는 사실을

범고래를 통해 나는, 몸으로 겪는다

장마

비 비 비 비 비 비 비 비
비비비비비비비비비비비
비비비 비비비비비비비
비비비비비비비비비비비비비비
비비비 비비비 비비비
비비비비비비 비비비비 비비
<u>살아있는 것들이 사라졌다</u>
비비비비비비 비비비비비비비
비비비 비비 비비비 비비
<u>그리운 것들도 떠나갔다</u>
비비비비비비비비비비비비비비비비비
<u>그 해 여름은 무서웠다</u>

그러니 사랑하세요

당신이 방금 본 푸른 하늘이 마지막 하늘일 수도 있습니다.

당신이 방금 가슴에 안은 붉은 노을이 마지막 노을일 수도 있습니다

당신이 방금 들은 강물소리가 마지막 강물소리일 수도 있습니다

그러니 사랑하세요, 사라지는, 모든 것들을

인생은, 추억이 만드는, 요리 같은 것,

머나 먼, 세속도시

해방 정국은 이념이 지배했다

6.25는 혈육의 피가 지배했다

4.19는 자유가 지배했다

5.16은 군부가 지배했다

5.18은 민중이 지배했다

대한민국은 독과점 지배 국가다

지배의 포화상태는 촛불이다

지배는 쏠림의 다른 말이다

아무리 취지가 좋아도 아무리 민주적이라 해도

지배는 독재의 씨앗을 품고 있다

\>

지금 대한민국은 그 씨앗이 자라서 숲을 이루고

꽃을 피우고 열매를 맺고

그 열매를 정치적으로 독점해 수확하고 있다

권력을 지배하는 자들은,

세속도시의 파괴자

그들은, 그들 스스로 혁명해야 한다

강세화

정자항 외 6편

강 세 화

모처럼 마주치는 사람들 말이 길어지고
바다 밑바닥까지 다 보일 것만 같은 3월에는
봄볕의 기운이 넘실거리는 그런 날을 보아
어선마다 색색의 깃발이 펄럭이는 때 맞추어
봄바람 타고 훈훈하게 가슴이 부풀어
몸을 흔들며 정자항에 가야 한다.
멀찍이서부터 아는 체하는 들뜬 인사를 나누고
한창 물오른 참가자미 꼬리를 잡고
겨우내 살집이 실해진 가슴팍을 쓰다듬으면
비로소 고향을 찾아온 입맛이 돌아서
햇볕은 이마에 광채를 덧칠하고
뼛속까지 고소한 희열을 느끼리라.
알음알음으로 추억의 참맛을 기억하는 사람들이
봄날에 놓칠 수 없는 제철 보약 같은
가자미회 한 접시와 진한 미역국도 곁들여
바람과 햇살과 인정이 녹아 있는
그곳에서 잠방잠방 바닷물이 출렁거리듯
입 안 한가득 씹히는 생생한 맛을 살려야 한다.

나이 생각

알지 못하는 사이에 무슨 일이 지나갔는지
무심중에 돌아보는 일이 자주 있고
나이가 눈에 들어오기 시작했다.
나이는 어디서부터 내게로 건너오는지.
나이는 가을인가, 겨울인가, 강바람인가
아니면 누구의 전갈인가.
길을 가다가 환청처럼 들리는 소리에
돌아보면 갑자기
섬광 같은 무엇이 이마를 스치고 간다.
바람도 아니고 불빛도 아니고
꿈 같은 소망도 아니고
무엇을 해야 할지 궁리는 깊어도
이름 없이 지낸 지가 오래되어서
뭐라고 풀어야 할지 모르겠다.
구실 붙일 것이 마땅찮아 마음도 못 내보고
쏠쏠한 생각도 안 생기고
그나저나 나이라는 것이 참 무슨 의미인지
간대로 드러내 보이지 않는 속내가 궁금하다.

당초문唐草紋

시간이 지나면 우리의 일상은 추억이 된다.
머물던 자리에 아쉬운 마음이 남아서
주저리주저리 후일담을 만들고
아득히 건너다보는 별빛이 풀잎에 촉촉하다.
무럭무럭 뻗어가는 덩굴무늬를 따라서
세상모르고 살던 때가 봄날인 것을
물물이 고개 드는 어지럼증을 겪으면서
오래 기다려서 얻어낸 자리마다
헛바늘 돋아서 아리아리하고
단순하게 흔들리고 무모한 것이 인간인 것을.
길 가다 문득 생각나 걸음을 멈추고
표정이 애매한 낮달을 살핀다.
대책 없이 상처로 남은 한때의 그리움이여.
허공에 뻗치는 생각이 눈을 깜빡거리고 있다.

억새꽃

어느덧 바람이 눈에 보이는 나이가 되었다.
그전에 안 보이던 것들이 눈에 들어오기 시작했다.

먼 산마루 억새꽃이 하늘에서 쏟아지는 듯이
은빛 반짝이는 머리카락이 바람에 날리고 있다.

가을에는 어디를 둘러보아도 눈이 부시다.
마음 같아서는 오래된 이름 위에 씌워주고 싶다.

가을에는 한동안 잊고 있었던 노래가 들린다.
세월이 지켜주지 못하는 마음에 빛나는 저 억새꽃.

초록이 우거지면

초록이 우거지면
속으로 신이 나서 마음이 씩씩해진다.
하루 일을 시작하면서
아무라도 마주치면 인사를 나누고
색깔이 분명한 꽃잎이
반짝반짝 피는 것이 흐뭇하다.
나날이 보는 이들이
걱정 없는 모양도 대견하고
만나는 사람들의 편안한 모습은
볼 때마다 얼마나 다행인가.
내 몸 한군데가 성하지 않은 것조차
팔팔한 나무를 생각하면 덩달아 싱싱해진다.

우두커니

어떤 날은 그냥
우두커니 보고 있을 때가 있다.
오래전의 기억이 언뜻언뜻 떠오르는
바닷가 마을을 기웃거리다가
근년에 지은 집들 사이에
세월에 질린 노파처럼 주저앉은
오두막을 발견하고
이유 없이 멍해지는 때가 있다.
특별하지 않은 오막살이가
기어이 나를 끌어들이며
손목을 붙들고 놓아주지 않는 것이
덕하 장날에 나이 드신 당숙을 마주쳐서
밑도 끝도 없는 말을 들어야 하듯
중도에 어쩌지도 못하고
우두커니 잡혀 있을 때가 있다.
사람이나 풍경이나
말끝마다 끼어들기 그래서
우두커니 듣고 있을 때가 있다.

꽃지는 시간

꽃들이 깜빡 조는 사이 한 계절이 지나가고
햇살 아래서 우리는 서로 다른 생각을 하였듯이
아득히 보이는 그림자를 따라가며
눈에서 멀어지는 풍경이 가물거리고 있다

신념이 강했던 젊은 날의 의지는 간데없이
혼자서 물끄러미 술잔을 건너다보는 이 시간
막 내린 무대에는 생기 잃은 독백이 무심하게 울리고
한산한 마음처럼 늘어진 손짓이 떨리고 있다

나는 여태 무엇을 바라고 이날을 기다렸는지
눈물 마르듯이 꽃이 시드는 일련의 의미와
사랑을 떠나보내고 어떻게 이 가을을 견딜 것인지
언제 다시 아픈 볕을 견디는 꽃으로 돌아올 것인지

문 영

돌의 카톡 외 5편

문　　영

자, 이제부터 머물거나 구르거나
시작이야
시작은 끝이 없어
시작은 끝나지 않아
시작은 끝이 없는 시작이야
시작이라 말하면 시작은 사라져
시작은 시작하지 않은 말이야

자, 이제부터 멈추거나 섰거나
끝이야
끝은 시작이 없어
끝은 시작하지 않아
끝은 시작이 없는 끝이야
끝이라 말하면 끝은 사라져
끝은 끝나지 않는 말이야

자, 머물거나 구르거나 멈추거나 섰거나 살거나 죽거나
시작 없는 끝이야 끝이 없는 시작이야 자, 돌의 카톡이야

암각화의 말

보는 것만 보면 보지 못해요
바람이 데리고 간 시간,
눈은 보지 못해요

치매 걸린 암벽이 공중에 새긴
그림자도 무게도 없는 말
바람벽의 구멍을 쪼는 말

말한 말은 소리가 없어요
말하지 않은 말이 소리를 내요

다루기 힘든 건 돌이예요 – 암각
다루기 힘든 건 바다예요 – 고래
다루기 힘든 건 말이예요 – 사람

듣는 것만 들으면 듣지 못해요
바람이 데리고 온 시간,
귀는 듣지 못해요

시월이 돌아본다

짝지를 데리고 떠도는 개에게
밥그릇을 내어주는 구순의 노파
개는 꼬리를 내려 암컷을 본다

새끼 밴 암컷을
밥 먹여 돌아가는 수캐가
낙엽 몰려다니는 공터를
뒤돌아보며 간다

비닐봉지가 바람을 먹고
바람을 따라 간다

시월이 돌아본다

푸른 점 하나, 볼짝*
─ 김환기 화가 '하늘과 땅 24-Ⅸ-73 #320' 앞에서

죽을힘을 다해, 완성한
하늘의 푸른 점이 말했다

걱정아, 걱정마라
슬픔이 너를 데리러 온다
슬픔아, 슬퍼마라
메멘토 모리**가 너를 부르며 온다

죽을힘을 다해 살다,
땅에 점 찍은
글자도 모르는,
내 어머니가 말했다

이승도 바로, 여 있고
저승도 볼짝, 여 있다

* 볼짝: '눈앞에 보일 만큼 아주 가까이 있다'라는 뜻의 방언(거제, 통영)
** 메멘토 모리: '죽음을 기억하라'는 라틴어 경구

돌에 대하여

돌은 할 일이 많아 돌을 낳았다
구르고 차이고 깨어지고 부서지고

비바람과 구름 상점에서 구입한
회색 코트를 입은 돌은,
할 일이 많아 시간을 쌓았다
모나고 둥글고 뒹굴고 떨어지고

돌은 할 말이 많아 할 말을 잃었다
할 말을 잃은 돌은 침묵을 쌓았다
할 말이 많은 침묵은 말의 죽음을
저장했다, 텅 빈 말속에 돌은 숨 쉰다

돌은 살아남고 모든 육체는 사라진다

돌은 할 일이 없어 돌을 낳았다
구르고 차이고 깨어지고 부서지고

물바람과 태양 상점에서 빌려온
검거나 붉은 옷을 두른 돌은,

할 일이 없어 시간을 새겼다
모나고 둥글고 뒹굴고 떨어지고

돌은 할 말이 없어 할 말을 얻었다
할 말을 얻은 돌은 침묵을 말했다
할 말을 키운 침묵은 말의 죽음을
저장했다, 텅 빈 말속에 돌은 흐른다

돌은 살아남아 죽음을 새기지만
인간은 죽음에 대해 아무것도 모른다

간절곶 바다에서

저녁 바다가 어떻게 되어 오는지를
너는 모른다 하는가
곰솔나무가 자리를 내준 해변엔
검붉은 노을이 잦아드는데
벌레의 몸악기 연주 소리 따라
바람은 지상의 주검을 쓸며 가는데
버리지 못하는 나날의 근심을 달고 와서는
저녁 바다에 내다 버리는 한숨을
너는 모른다 하는가

밤바다가 어떻게 되어 오는지를
너는 모른다 하는가
검푸른 별은 높은 곳에서 빛나고
밤배의 등불은 왜 어두운 곳만 골라 길을 삼는지
너는 모른다 하는가
내 어엿븐 사람아,
어디서부터 생이 허방다리 짚으며 왔기에
외롭고 쓸쓸한 것들이 불빛을 찾아
파랑의 파도 속에서 숨고르기 한다는 걸
너는 모른다 하는가

임 윤

이태원 불빛 외 6편

임 윤

투명한 초침이 멈칫거리는 저녁
까마귀들은 무리지어 창문을 두드린다
어두운 빛으로 사라지는 계절
불투명한 거울이 노을을 그려 넣는 찰라간
즐비한 CCTV도 걸러내지 못한 발자국이 쓰러진다
보잘것없는 기억은 점차 얇아
퇴화한 감성의 은행잎은 지상으로 떨어진다
경광등 불빛에 가려진
야누스 같은 두 얼굴의 사내들
비굴한 웃음은 노랑나비의 날갯짓에 빠져든다
용납할 수 없는 시간의 윤회 속에서
언제까지 울분의 꽃을 피워야 하는가
보도블록에 떨어지는 한숨
눈꺼풀이 풀리는 벽시계의 진자운동이 지루해질 때
짧은 생의 시간은 비틀거린다
야누스들의 망언에 얼룩만 남겨진 거리
출렁이던 불빛이 허공으로 비상하고
시야에서 사라진 사람들은 다시 꽃으로 피어오른다

주꾸미의 집

주꾸미는 아직 집이 없다
다들 깊은 펄과 바위틈에 집을 지었다만
그는 가장자리만 떠돌아 다녔다
미끄러운 개펄에선 파도에 밀리지 않으려
두 줄 빨판에 연신 힘도 주었다
문어도 낙지도 아닌
달걀모양 우스꽝스런 외투를 쓰고
혼신의 힘으로 바닥만 누비고 다녔다
펄을 파고들지 못할 연약한 팔
어렵사리 구한 소라껍질 속에 편안히 드러누웠다
어부가 줄을 당긴다
물 밖으로 줄줄이 딸려 나오는 소라껍질
마땅히 도망칠 곳도 없어
몸뚱이 감추기 급급한 방 한 칸
부실한 껍질 속으로 바싹 몸을 웅크린다
빨판에 힘주어 달라붙었지만
날카로운 쇠꼬챙이에 끌려 나뒹굴고 말았다
그는 바다로 되돌아가지 못했다

톱뉴스로 방송 중인 빌라 사건
화면에선 주꾸미들이 아우성치며 쓰러진다

숨겨진 상처

부도난 마음 친친 감고 두문불출했던
빗장 걸어 잠근 한 시절 지났건만
아직 지상의 바람은 거칠다
지하도 계단, 왼쪽 팔에 붕대를 감고 구걸하는 사내
오가는 구두코 위치의 시선
고형물인 양 몸을 연신 굽실거린다
지하에 솟구치는 돌개바람
광고 전단지가 계단으로 흩어진다
무심코 동전을 넣고 지나치기도 했지만
여태 풀어내지 못하는
어쩌면 영원히 감고 살아야 할 그의 붕대를 본다
온전히 거리에 나온 저 사내
저만치 비껴 지하도를 올라왔을 때
광장에 쏟아지는 햇살이 뒤통수에 따갑게 내리꽂힌다
고개 숙여 바닥만 보며 종종걸음 걷는다
홀로 품고 있는 내면의 상처 드러내지 못해
멀쩡한 몸으로 빗장을 풀지 못하는
나는 어디쯤에서 허리 굽혀
세상을 향한 시선 고정시킬 수 있을까

오월의 장미는 다시 피는데

느티나무 이파리에 달라붙은 희부연 황사
봄 햇살 축축 늘어지는
가파른 능선 길 열어 놓고
손깍지 낀 송전탑의 질긴 힘줄들이 운다
붉은 열망을 그리다 지웠다
뒷골목에 핀 장미
가로 막힌 철망을 탈출하느라 야단이다
어둔 골목으로 들어온 빛 따라
입술 깨물며 하나 둘 담장을 넘는다

"꺾지 마세요. 아프잖아요."
주인집이 적은 문구에 발걸음을 멈춘다
담장 밖으로 뻗어나는 저 자유를 누가 꺾으랴
억압받는 삶의 항쟁을 누가 막아서겠는가
아픈 기억은 왜 이리 오래 남는지 모를 일이다
부러지고 밟히면서 꺾여나간 꽃봉오리들
방패 세우고 전지가위 들이 댄
그들은 어느 그늘에 숨어 침묵하고 있는가
오월은 다시 돌아오고
장미는 붉디붉게 함성을 지른다

서슬푸른 입술 파르르 떨리던 그날처럼
솟구치는 열망 틀어막을 자 그 누구인가

새벽 시내버스

몸집보다 큰 보따리 들고 뒤뚱거리는
벼룩시장의 등 굽은 노파
뒤따라 책가방 둘러맨 어린 여학생
부스스한 머리에 연신 하품하는 교대근무 노동자
밤새 대리운전 마치고 귀가하는 중년의 가장
갈 곳 막연한 등산복 차림의 해고자
아르바이트 시간 늦을까 불안한 새내기 대학생
일인 시위 피켓 든 장애우
주인보다 일찍 매장 열어야 하는 점원
삼색등을 끄지 않은 이발사 김씨
도시락 가방 든 공익요원
어린 아들 노모에게 맡긴 파출부 새댁
채소 사러 가는 분식집 아주머니
인력시장에 먼저 도착하려는 막노동자

발바닥 부르트게 뛰는
졸음에 겨운 눈꺼풀로 핀 새벽꽃들만
희부연 걸음으로 승차한다

회화나무의 침묵

초등학교 담장에 기대어
일제강점기 첫 입학식 날 기억하는 회화나무
전쟁과 가난, 혼돈의 근대사
빠짐없이 기록하던 어깨에
새들도 아이들도 걸터 앉아 시름을 달래었다
아이는 어른이 되고
어른의 아이가 다시 입학하길 수십 년
반복되던 아픔과 희망이 아스라하다
아이들이 떠나 공동화된 도심
학교는 허물어지고 미술관이 들어섰다
등 기대던 까만 눈의 아이들
어른이 되어 머리 맞대더니
포크레인 들이대고 가지를 후려친다
파헤친 뿌리가 흔들리며
새들과 아이들이 떠난 가지에서 진물이 흐른다
강제징용, 후쿠시마 오염수
퇴보된 역사는 윤회되어
아물지 못한 지난한 시절의 피눈물이 흐른다
한 세기의 기록이 쓰러진다

기압에 대하여

등산을 하거나
높은 곳을 오르다 보면 안다
천천히 걸으면
몸도 마음도 적응이 되어
주변의 새소리 물소리가 또렷하다
꽃을 보고 뻐꾸기 소리들으며
주변을 살펴 정상에 오른다
급히 오르려 수직상승 하면
귀가 먹먹해지고 두통이 심해진다
아우성치는 목소리가 들리지 않는다
불통에 시달리는
요즘 그런 기압골의 시대다

장상관

몸부림이다 외 6편

장 상 관

새는 발자국에 귀로를 새긴다
발 내디딜 때마다 고개 빼고 본다

그늘을 백만 평 경작해도 겨울엔 쓸모없다는 것을 알면서도
나무는 그늘 만드는 일을 쉬지 않는다
뿌리는 오직 씨앗만을 위해 해마다 달콤한 과육을 만든다

쓸모없는 잡풀이 양털이 될 때까지 양들은 부지런히 되새
김질한다
양젖은 오직 새끼만을 위한 배려

숙련공이 되기 위해서는 반드시 반복되는 상처가 필요하다
그 상처가 백만 럭스보다 더 빛난다

맞으면서 어떤 심장이던 요동치게 하려면
북은 울음을 끝없이 되풀어 울어야 한다

달은 초인종이다 누르고 누르면 뭔가 걸어 나온다
그믐에서 보름까지 쉬지 않는다

>

목줄에 버림받은 스피치는 불안에 친친 감겨 접근을 싫어
한다
그러나 끊임없이 손을 내밀면 결국 고개를 조아린다

날마다 밥그릇을 비우기 위해 반찬 만드는 손은 경건하다
그 이면에 치열한 투쟁의 역사가 있는 한

암 암 암 백혈구

정거장 나서던 길이 실종되고
제설차마저도 꽁꽁 앓아누운 초봄
느닷없이 발병한 이상기후가
건너편에 입원한 가정에도 들이닥친 모양이다
백혈구 적설량이 문제였단다
적으면 집에서 잘 먹고 요양하면 되지만
많이 쌓이면 모든 자율을 동결한단다
어딘가 곪았으므로 입원 치료가 필요하다는 소견
뭐든 많으나 적으나 탈이 난다
저 집안의 독재자 호랑이는 폭설이라는데
그동안 피가 너무 잘 돌아
설마했는데 염증반응이 나타났단다
이빨 빠진 도끼로 빗던 더벅머리는 숱이 다 빠졌다
이 암이 물러나면 저 암이 또 날아올까
허리에 찍힌 자국이 푸르딩딩 욱신거리는데
눈 마주친 어떤 물건이라도
암이 되어 포탄처럼 쏘아댔단다
암을 딱 붙들고 있는 청룡이 링거에 꽂힌다
간호사가 여자를 흘끔 쳐다본다
암 암 암 안 쳐다보면 정상이 아니지
그런 눈빛으로 여잔 얼굴을 붉혔다

횡단보도에서

성경에서 깨가 닷 말 나왔다는 고백을 듣던 날
입에서는 달고 배에서는 쓰다 했는데 깨가 나왔다니
뭘 깨라는 암시인가 고소한가 중얼거리는데
깻잎 머리가 앞길 막아서서 도를 아십니까 묻는다
미도 알고 시도 안다 했다
너무 비판적이라 해서 화투판에 아군이 어딨소
비 안 팔면 바보지 농을 치다 건너야 하는데 신호 놓쳤다
뿌리쳐도 떨어지지 않는 거머리 입술이
좋은 말씀이 있다고 들어보라며 신경을 쪽쪽 빤 덕이다
하필 신호를 놓친 김에 말씀이 뭐냐 물으니
법당에 가면 알려준다다
시간 없다 하니 한 시간이면 천국으로 횡단할 수 있단다
이러다 어디로 횡단할지 모르겠다 싶어
나는 벌써 신천지에 있다
천국 팔며 청춘 썩히지 말고 신천지 먼저 가보자 하니
가자 가자 이단이다 이런다
이단이고 삼단이고 다 겪어보니 알겠더라
종교는 횡단보도 건너기 전이라는 거

다육이

불 꺼진 등대가 되어
눈물 속 인파 속을 누비던 모정
영원으로 간 피붙이 찾아
물집이 터지도록 이름 부르고 헤매다
허망한 길에서 데려온 애착 식물
다육아 다육아 잘 살아야 해
봄볕을 섞어 분갈이한다
풀리지 않는 의문만 남겨두고
올가미에 목을 매단 아이
딱딱한 천장에 매몰차게 드리운
저승문에 머리 넣는 순간
안된다 안된다 수많은 손이 끄집어내려
죽을힘을 다했겠지만
적요히 뿌리쳐버린 올가미 두렵고
우울 우울한 순간들에 다육이 산다
어린 딸인 양 심어 애지중지
끌어안고 중얼중얼 육아를 복습한다
방울복랑은 어린 손가락 같고
철화는 앙증맞은 손톱을 닮아
쏟아붓는 애착은 잃지 않으려는 발버둥인가
아니다 잊으려는 몸부림이겠지

기억의 기하학

물거울이 품은 산은 더 푸르거나 붉었다
메마른 강 애타게 바라보아도
아무리 닦아봐도 거울이 나를 영영 몰라볼 때
슬픔은 더욱 사무쳤다 거실 거울도
전등의 촉수 핑계로 나를 편안하게 잊는다
한때 사랑도 저러했었다
뒤에서 수은을 벗겨내는 줄 모르고
닦고 닦던 손으로 이제는 눈을 닦고
안경알을 닦는다
만화경 속 꽃을 다듬던 가냘픈 손길은
처진 어깨 감싸던 만리향을 지우고
파랑새 따라 둥지까지 잊고 홍콩으로 갔다
기다림은 언제나 너무 길었다
갈 계절에도 버티는 철새는 사연이 절절했고
흰옷은 그냥 두어도 색이 변했다
과거를 추억하지 않았다 거울은
아무런 잔상도 남김없이 시무룩 털어냈다
유리가 수은 망토를 걸치고 풍경을 붙들고 있을 뿐
망토라는 가식을 벗겨보면
가슴은 텅 비어있었다

씨

아이씨는 가벼운 한탄이다
뭔가 이루지 못하여 자책하는 독백이지만
욕인 듯도 아닌 듯도 하여
듣는 사람 신경을 은근히 발기시킨다
아이 씨 아이 씨 뱉는 사람
쭉정이 보다 더 가벼워 보였다
아이 씨 아이 씨
나도 격분하여 내뱉을 때도 있었는데
아이 씨는 영어로
본다
안다 이므로
잘 못 된 결과를 봐서 안다로도 풀린다
씨가 발아하지 않아
아무런 수확이 없다는 발현이다
누군가 씨 하고 낙심하면
쯧쯧 애쓴 보람이 너무 없어서
후회를 중얼거리는구나
그래서 얼굴에 꽃이 피지 않는구나
위로하자

자미원

화목 난로는 연통 끝에 고드름 매달고
뱃속은 개울물소리
달 없는 창문을 붙들고 울다 바람은 지친다
형광등 빛이 소리 없이 비추는 방구석
조각난 꿈이 쥐구멍에 박혀
하얗게 질려있다
잠든 별들이 서로 부둥킨 잠속에
신기한 호박 마차가 달려오고
은하에서 따온 무지개 사탕이 둥둥 떠다닌다
얼굴도 모르는 엄마
품에 안겨 사탕 먹고 싶어 어리광 부리는 아이
파장까지 기다리던 담뱃가게
귀퉁이는 뿔 달린 괴물이 되어 입을 쩍 벌리고 있다
엄마는 안 오고 막대사탕은 막대만 남았다
하마나 올까
고개를 빼던 길로 발을 내딛다
어딘지도 모를 설원에 서서
울다 깬다
꿈은 늘 공포스럽게 끝이 나고
너무 빨리 자립한 별들

어쩔 수 없이 헤쳐나가야 할 우림 앞에 서서
엄마 부르며 또 운다

황지형

블록마다 나오는 시절이 외 6편

황 지 형

작품이 전시되고 있었다
그늘을 걷어낼 수 없는 그늘을 위장할 수 없는

나무의 나무 안에서 자라는 나무에서
이불 속에서 너와 나는 뿌리를 심고 있었다

서로를 끌어안고 들썩이는 잎
들썩인 잎이 메아리의 메아리의 메아리인 잎

너는 땡볕이 오기 전 아침이었다
너는 그늘이 오기 전 햇살이었다
햇살 다음에 오는 블록을 저격한 눈들이
저격한 눈들이 나뭇군 뒤에 오는 검고 검은 눈덩이

얼마 전까지 그랬던 것처럼 우리는 습기 찬 창문을 열었고
나뭇가지가 하나씩 하나씩 타인의 그림자를 달고 있는 나무
를 마주 보았다

그림과 그림 속의 나무의 그림자들
나무의 그림자와 그림 속의 나무들

>

눈덩이에 쌓인 나무를 관람한 날이었다 오종종한 발자국
이 찍힌 나무들 사이에 되돌아간 발자국을 누군가 설명해 버
렸다 우리가 보고 있던 나무를 빠져나가기 전에 나는 여전히
나무 앞에 다가가 걸음을 멈출 것인가

그래요 당신은 나무를 설명하고 있어요
나무의 하늘에 나무의 땅에
옴팍한 몸처럼

우리는 나무에 다가가는 습관을 가졌고 곧 나무 앞에 놓인
표에 이름을 적었다

밤은 길어 내가 떨구는 잎
밤은 길어 내가 호명하는 잎

지금은 닳고 닳은 나무만 제거하도록 해야지 어디에서 봄
이 왔던지 또 어디로 갈 뿐이듯이 이제 막 불명료한 세계에
도달할 뿐이듯이 목구멍 안은 여전히 검은 세계이듯이 여름
을 키운 봄이 가을을 사랑하듯이 봄을 키운 겨울이 여름을 애
달파 할 뿐이듯이

>

나무 그린다 그리고 집을 그리고 산을 그린다
달과 별 그린다 그리고 사람을 그리고

봄과 여름과 가을과 겨울의 이치
계절과 치열을 열거한

세로와 가로를 그은 사선을 돌려세운다
스케치북을 넘기는 스프링은 내가 모르는 뒷장의 여백을
꽉 잡았다

칠해서 덮어서 입혀라
발가벗겨서 이웃 해라

온기를 가질 수 없는 색 너는 손만 뻗으면 날아간다 서로
엮이고 연결됐다 이내 비슷한 색으로 제시된다 화면은 짙어
진다 크고 두툼한 입을 가진 너는 다시 붉어진다

유의한 색을 메모하는 항목들
색과 영감의 훈련을 받는 모사꾼들

>

굵고 키 큰 나무를 기다리면서

다시 무채색을 넘기면서

몰랐던 순도 높은 노랑의 노랑 중의 노랑을 한 스푼 떠먹어

버렸다

비슷한 마음으로 아이가 되듯이

계절은 다음 아이를 키우듯이

도르래와 목걸이가

손잡이 버튼을 누르기도 전에 펼쳐야 할 우산도 긴 목을 접어두고 싶었을까

뼈로 만든 목걸이를 달았어 목젖을 고정하는 받침목 대신 목둘레를 날렵하게 지나갔어

목걸이를 감았다 풀면 아래턱은 없는 턱의 위치를 찾아 한 방울 두 방울…… 터지고 윤이 나는 목걸이를 주렁주렁 걸었어 무지개 핀 언덕을 내려다보려고 고색창연한 우산을 펼쳐보았어 물방울을 매단 척탄병이다 비 내린 요일을 꼽아보면서 입을 꽉 닫아걸고 기지개를 펼쳐봐

어색해? 어색해?

초록으로 우산을 그린 날이었어 나무 꼭대기까지 물이 차올랐거든 스케치북처럼 하얘져 사선에 계단을 만들고 있었지 봄과 여름 가을 겨울이 한 가지 색이었지 고요한 목적 거룩한 목젖을 만져보았어 키가 작은 나는 나의 키에 꼭 맞은 우산을 펼치면서 나를 위한 민무늬 얼굴인가, 하늘색을 펼쳐봤자 비가 그치면 접어야 하는 오늘도 안녕하기 시작했어 검

은 구름이 욱신거리면서 환희하고 푸르게 다시 받들면서도 진저리를 치는, 계단을 펼칠까

에스컬레이터는 엘리베이터에 올라탈 수 있지

고귀하지? 산 두 개를 그리면 안정적이니까 달과 별을 그리면 외로우니까 일 층에서 비닐에 담아 주니까 어떻게 선물을 할 수 있다면 나는 빨간 우산을 들고 산속에 사는 소녀를 만나러 갈 텐데…… 안녕하기도 전에 목젖을 보인다면 나는 진저리치고 달아날래! 어쩐지 골라 탄 엘리베이터는 멈춰 서 있고 다 썩어 구멍이 뚫린 하늘로, 신경을 덮어주겠지

눈을 크게 뜨기 전에는, 얼굴을 살그머니 어루만져주기로 해

전원이 꺼져 있는 날이었어 다시 시작하기로 했지 꺼졌다 켰다 다시 시작하는 버튼을 눌렀다 켜지면 환하게 벌어져 있던 입처럼 한 방울 두 방울 흘리면서 눈 감으면 어금니와 목구멍이 보였어 검어 사라진 다음에도 썩은 이빨처럼 삭아버렸지 좁고 긴 복도를 지나는 것처럼 우리는 한 손안에 들어오는 작은 우산을 펼쳤고 빗물이 들어오는 입을 다물었고 감

전이 된 신경보다 더 얼어붙어서 움찔하지 못하는 무지개를
펼쳐봐

어색해? 어색해?

제인 오스틴 연필 세트

발자국이 닿는 자리는 아니지만
쓰기를 주저하지 않는 연필
그 아득바득이 열려고 하는 새장

지우개를 달고 얼굴을 겨냥하고서
집게와 엄지로 잡은 주먹이면
종이 위에 흑심을 찍어 나르는
글자가 까맣게 흐르고
국어와 산수를 거쳐 숫자와 계좌를 접어 넣으며
노동의 대가를 구매한 날

종이는 글씨로 빼곡하고도
나직한 한숨을 모른 척하는 기록 속에서
깎지도 않은 연필은 가득하지만
갈림길은 언제나 하양, 검정으로 위치하는
바람 소리를 지우게 되는 새장

손가락으로 얼굴을 잡고도
무의식으로 뱉은 척하는 새장
손이 푹 꺼지는 미래 속에서의 과거

여자는 붙어 있지만 그때그때 바뀌는 숫자

망막박리만큼 시선이 결박되었다고

이름이 소비되고 연필이 대포처럼 발설하자

이 순간 계좌를 스쳐 가게 되었다고

나는 낭패감을 깨달을 수 있었다고

연필에 손을 싣고

천계에 도착하는

일종의 몸이라는 새장

그 현상

층계를 오르는 미로의 밤에

부작용은 결코 없는 전광판이 반짝이는 밤에

한 마리 연필을 세운

한 개개인의 차트

외래객을 접수할 밤에 계량할 차트 같이 바뀌는

신경안정제를 먹는 새장

검은 자국을 남긴 몽당연필이

짧아질 대로 짧아진 몽당연필이

지우개를 꼬리에 달고 도약이라고 붙인 몽당연필이

연필은 아이처럼 업혔고

볼펜에 낀 몸처럼 짧은데
그 짧은 몽당연필이
식은땀이 흐르고 냉장고 날개에 붙어
악몽을 꾸고 미끄러지는 새장

불능의 형상을 쓰지 않으려는 내가
불능의 이 시는 논리적인 것은 아니지만 이성적이라는 내가

분분함을 표현하리라
불능을 표현하리라

이탈한 연필이 맞이하는 서술어

지금 종이 위 서술어에 점을 남기는 예각

제인 오스틴 연필 세트를 들고
오만과 편견을 남기는 전염
혹은 두루뭉술한 처방

아픈지가 아니라 슬픈지로 속한 줄 알았더니

내가 그 한 발자국 떨쳐내는 행위
그 결과를 찢은 지우개

이 순간 종잇장을 따라가면
이 책갈피에 꽂혔을 흔적처럼 그 이름에서
수납 상태가 유지되는 기록
자주 아랫입술을 깨무는 새장
그리고

어순은 안녕하십니까

내장산을 생각했습니까

터널을 가진 산은 스텐드시술을 받았습니까 어순을 가진 당신은 기름진 물의 도움으로 재활프로그램을 다짐합니다

마취상태에 빠지는 동안 잘린 계절은 환각의 상태에 빠져듭니다 뿌리가 잘릴 때 당신은 죽었다가 살아난 환영이었습니다

구름과 친해진 비가 생을 베풀 수 있겠군요

이 뿌리가 말입니다 몇 개 달린 뿌리가 말입니다 숨통이 막히게 아픕니다 눈이 위로 뒤집히기도 합니다 그 모습만 봐도 무섭습니다 아무것도 안 하고 있을 때나 스텐드를 삽입할 때 말입니다 고향을 생각하면 통증이 사라집니다 이 경우에는 뿌리에도 어순이 돋습니다 서로 도움이 되는 어순이라고 합니다 순서가 바뀐 어순이 됩니다 기이한 글쓰기에 스텐드를 끼워 넣습니다

사랑하는 어머니, 열두 접의 사신을 만나기로 했네. 육하

원칙의 방향에 사는 어순들과 사귀었네

요양하는 산의 손을 잡습니다 어순마다 뿌리가 달립니다 몇 발짝 떨어진 어머니와 말하는 뜻이 분명한 산은 아무 소리도 내지 못합니다 매일매일 신음합니다 터널이 뚫렸는데도 불구하고 저쪽은 요양병원일 뿐입니다

고령화 사회에 잘 팔리는 휠체어의 브레이크를 해제합니다 집에서 눈 감을 수 있다는 단단한 다짐이 새롭게 보이는 맹세

면회자 장기수는 터널에 빠진 최장수입니다

가방

가방 속에 마당이 있을 땐
나도 이불을 덮어쓴 채 교실에 있는 것 같다
마당은 항상 마당 위에 마당 쪽으로
들어서자마자 물벼락을 맞는 기분

봄과 여름이 지날 때마다
비켜 서 있는 나무가 심겨 있고
속내를 설명하지 않는 입이 뾰족하네

속내를 털어놓기란 이불을 뒤집어써야 할 순간이지,
주운 쪽지를 읽어본 뒤 찔러 보는 바늘이기도,

지푸라기라도 잡고 싶은 사람들이 빗자루를 쥔 마당에
비질을 끝낸 쓰레기가 들어갈 가방을 열고 있네

가방 속의 당신은 띄워 읽은 입의 오물성과
들켜버렸다는 생각으로 가득하지

나는 바닥을 드러낸 질린 표정과
야생동물의 보호색을 덮어쓴 젖은 얼굴을 보고 있지

>
어깨와 콧등에는 버티고 견딘 화석이 있고
백만 년 뒤에나 먼지가 될지 모르지

왼손에 가방을, 오른손에 서류를 들고 서 있을 때
마당은 먼지를 피우네, 숨넘어가는 소리에 풀린 손아귀
처럼
비어 있네

가방에 들어간 마당으로 잽싸게 뒷문을 빠져나가고
아이는 엉거주춤한 자세로 호흡을 뱉으며
어깨 무릎 팔 다리를 챙기지

부어오른 가방에 갇힌 마당보다 더 두려운 것
무서운 것보다 더 두려운 가방을 닫았지

차가운 마당은 차가워, 차가운 가방도 차가워
가방끈을 만지작거리는 아이들이 일어나
마당을 하나둘 돌아갈 때

가방은 치켜세운 코 높이를 따라

계단을 내려가는 콧노래를 위하여
외우지 못한 가방의 이름을 깨닫게 되지

사과

횡단보도 건너는 곳 한껏 멋 부린 목과 귀를 들어내 놓고 오고 가는 사과를 해주면 반을 접은 종이처럼 쪼개어서는 네가 반쪽을 가져라,

유성이 튀는 장작을 피워 놓고 고구마와 알밤을 굽는다 영영 모르는 말로 내 심장에 불을 지피는 밤, 두근거리는 심장에서 꺼낸 사과를 취함으로써 일으키는 현기증은 지속적인 얼룩을 지닐 수 있을까

아무튼, 씨가 보이지 않는 사과를 하셔요
구름 아래 저기, 마른 잎사귀들이 시작하는 11월의 책이야
난, 지속적인 수사법이니까요

한 소쿠리 받아들고 오고 가는 사람들 검은 봉지에 담긴 사과들, 양손도 모자라 가슴팍을 끌어안은 입안에서 쾌락이 전파되면서 아무것도 상징하지 않는 사과들, 돌려 깎은 웃음을 유발하기엔 한 겹 끼어들어 있는 껍질처럼 드문드문 읽기에만 골똘한 사과들

금 그어놓고, 손톱에 피가 쏟아질 수 있소

>

양손으로 받은 사과는 호기심으로부터 달아난

목과 귀를 빨갛게 깨물 것이다

기적소리

발자국에 놀라
익사하는 놀이처럼
떠 있는 죽음
손가락을 핥고 깨물고 벽을 타고,
뒤로 넘어질 검정이 고이네
하루를 살았다 싶은데 잠수 쪽이 안전한지
물을 긁어볼래 공기방울 멈춰
본질을 꿰뚫는 물속 자생하는
마른 풀대가 아니더라도,
영영 내 수중에서 벗어난 건 무서워
영영 살기 위해서
기절하는 건 무서워
무서운 건 기절도 없어
눈을 감았다가 한쪽 눈을 떠주고
목을 긁는 것으로서,
화들짝 놀람에 나자빠지고 싶었는데
잠수해버렸어, 목숨을 내게 맡겼니,
기절한 물속엔
흙을 파낼 삽이 없다
속속들이 기를 쓰고

손바닥에 손톱이 닿아야 해
나는 압력을 조절한 물세례를 받았는데
곳곳에 죽음이 살아가고 있었어
죽으면 누가 눈 깜짝
할까 봐, 할 거라고, 하는
기절이어서
다듬어줄 살갗도 영영 없고
주검은 꽃이네
눈에 밟혀서가 아니더라도,
기절 방조한 혐의
자두나무 검붉은 가지
입 봉해버리는 전지이어서,
열매로 달리는 생이어서,
촉이 맺히고 있다

이강하

슬프도록 아름다운 세계 외 6편

이 강 하

오늘처럼 아름다운 너를 다시 만날 수 있을까

물찻오름 입구를 돌아가는데
산딸나무 나긋나긋하다
흰 꽃 너머
너의 꿈이 나의 꿈이라면 좋겠다는 물소리가 애틋하다

고요와 소란을 실감한 신발들
할아버지삼나무에 붙어사는 콩짜개덩굴 달팽이 이끼 버
섯을 발견하고는
서로 간 공생이 얼마나 고맙고 아름다운지

불현듯 영화 아바타에서 보았던 영혼의 나무가 나타나 말
을 거는 것 같다
인간의 탐욕과 집착으로 더는 생태계 훼손이 없기를
푸르른 빛의 하울링
이대로 끝이 아니기를

휘파람새 지저귀는 피톤치드 층계
하늘과 구름 사이가 선겁다

아! 이토록 아름다운 숲이 세상에 또 있을까

처녀림을 빠져나온 찰나
화산송이길 양쪽 삼나무
V자 그리며 나를 계속 앞으로 당긴다

너와 내가 점점 깊어진다.

장생포

언덕 아래 너를 사랑한 나는 누구일까

자본의 탐욕을 메고
언덕 위로 깡충깡충 뛰어간 토끼는 누구일까

언덕 위만 고집한다면 진정 이기주의일까

거북이 책이 토끼 책에게 감동을 준다면
서로 같이, 오래오래
우리 바다를 지켜내지 않을까

고요한 음악 고요한 그림 고요한 학교 고요한 의자
고요한 그림자…

달 뜬 밤이면 여기는 눈부시다
소년과 소녀가 손을 맞잡듯

불빛과 파도의 맛이 빼어난 여기
잠깐이라도 머문 입술들만이 고래를 안다
사랑을 안다

>
토끼와 거북이가
대대손손 문화창고를 이어갈 여기
타지에서 방문한 어린 고래 방문 리뷰가 장난이 아니다.

루꼴라 그리고

칠월 태양은 위대하다

극과 극을 경험한다

너의 티티새가 몸이 아파 꼼짝없이

동네 밖 포도밭으로

날아가지 못해도

아주 잠깐 아침

아주 잠깐 정오

아주 잠깐 저녁을 붙잡고

루꼴라의 가로 세로를 계산한다

탄생과 죽음을 미화한다

>

누군가 긴 휴직을 하고

아주 먼 나라 아버지를 만나러 가지 못해도

빗방울 사이 여러 밤

바람 사이 여러 낮이

루꼴라 그리고를 돌려가며 보살핀다.

여미지식물원에서

부겐빌레아가 피어나요
구름 위로
바나나는 뚱뚱해지고 있어요
구름 아래로

발뒤꿈치 들고
사진 찍는 소녀 손이 하늘거려요
바나나를 좋아하는지
부겐빌레아를 좋아하는지
모호한 표정

분명한 것은
부겐빌레아가 너무 멀리 있다는 것
흰구름이 너무 느리게 바나나를 굴리고 있다는 것

그래요, 어쩌겠어요
그만 나를 포기하세요
그만 사진 찍을게요

아주 멀리

아주 높이
아무것도 해줄 수 없다는 것
또 다른 어딘가에
만날 수 없는 형제에게
기회의 통증을 남길 수 있으니까요.

빗방울

대학병원 위 하늘이 진종일 울상이다. 난생처음 보호자,라는 모자를 쓴 나, 기분이 묘하다. 기분이 묘하다,라는 말은 꼬리가 긴 공포다. 우르르 쾅, 주룩주룩 번개와 비를 몰고 온 먹구름이다. 지금껏 우리 가족 보호자로만 생각했던 그가 링걸 꽂고 수술실로 향한다. 아주 평온한 얼굴로 나에게서 점점 멀어진다. 그 순간 나는 단호하게 어떤 말을 전달하고 싶은데 도통 그 말을 할 수 없다. 억장이 무너진다는 딸아이 메시지가 먹구름 속으로 날아간다. 수술 동의서를 써달라는 인턴 선생 선한 눈매와 어설픈 설명은 더 공포다. 비가 세차게 내리고 있는 창밖, 체크무늬 셔츠 입은 소년이 우산 없이 지나간다.

새 그림

형제들이 모두 모였다. 흙벽으로 지어진 우리 집에. 무를 썰어 넣고 고깃국 끓여서 함께 아침을 먹었다. 어쩌다 보니 금세 저녁. 나는 또 저녁식사 준비를 해야 하는데 내가 가장 자신 있게 할 수 있는 것은 떡만둣국이다. 미리 저녁식사 준비를 위해 솥 안을 들여다보는데 솥 안에는 고깃국이 남아 있었다. 그 고깃국 한 국자 떠서 조금씩 먹었다. 오빠 마음, 언니 마음을 먹었다 국물과 고기가 씹히는 맛이 달콤했다. 유난히 땀이 많은 둘째 아이를 안고 옆집으로 마실을 갔다.

그런데 그곳에서는 반가운 분들이 전을 부치고 있었다. 한 분은 문단의 대선배이고 한 분은 젊은 후배였다. 선배님은 삼색전을 부치고 계셨는데 옆모습이 엄마를 닮았다. 당신 솜씨를 맛보라며 삼색전 하나를 접시 위에 가만히 내려놓으셨다. 선배님은 꿈속에서도 누구에게나 친절한 분이었다. 미인 후배는 새 모양 전을 부치고 있었다. 나는 후배 솜씨에 감탄하며 여러 번 칭찬했다. 후배는 나의 손을 바라보더니 사진 찍는 것 좋아하지 않느냐고 어서 사진을 찍어달라고 재촉했다. 그래서 나는 호주머니를 뒤졌다. 그런데 핸드폰이 없었다. 할 수 없이 핸드폰을 찾으러 다시 집으로 갔다.

\>

　우리 집거실 바닥에 만두가 그득했다. 큰아이가 만두를 빚고 있었던 거다. 놀랍게도 거실 절반이 목련꽃이었다. 세상에나! 누가 시킨 것도 아닌데 저 작은 손으로 어떻게 저 많은 만두를 빚었는지.

　언제 따라왔을까. 미인 후배가 큰아이 옆에 앉아있는 것이 아닌가. 작은 종이 한 장 상 위에 쫙 펼치더니 새 그림을 그렸다. 전을 부칠 때 새와 지금 색연필로 그려준 새가 비슷했지만 그래도 아까 선배님 댁에서 전을 부쳤을 때, 그 새 모양이 더 좋다고 후배에게 말해주었다. 후배는 입을 삐쭉거리더니 새 그림 일곱 개를 보태서 나의 둘째 아이에게 줬다. 그리고는 문을 열고 사라졌다. 형제들 얼굴이 보이지 않았다. 마당에는 눈이 펄펄 내리고 있었다.

낙조

잘 익은 토마토 하나를 받아먹는 중이다
기다란 수평선은
고요히 흔들리는 저물녘

해안은 또 선사시대를 상징하는가
지금 이 순간만은
투쟁도 없고 계급도 없는가
수평선 머금은 사람들이 토마토 속으로 들어간다

내일이면 바다 밖 언저리가 될 붉은 기둥들
물고기 세상을 습득해 심장에 새기고
새처럼 날아오를 거야

숨을 크게 몰아쉰
섬과 섬 둘레 잔물결이 긴요한 표정이다

박정옥

먹다 버린 2월 외 4편

박 정 옥

2월이 터졌다

절실하지 않은 해후처럼
성가신 척 하며 궁금해 했다

기다렸던 시간보다 더 멀리처럼
변두리를 고집했다

창밖은 안개가 피고
부슬비는
어떤 연기를 떠올리게 하여
2월이라는 생각에 구멍을 낸다

부슬비는 그쳤다
길 건너 관상용 유채밭이 조금 더 짙어졌다
안개가 퍼지는 시간 유채꽃이 키를
촘촘하게 올려놓는 동안
변두리 같은 티브이에서

'목요일에 전쟁이 났어요

저는 모든 하루가 목요일로 시작해요'

우크라이나 학생의 말이
출입문을 열고 온다

카페가 젖었다

어디 있냐구요
-반죽의 세계-

이스트를 넣은 반죽덩이를 싱크대에 놓고 쉬었다. 반죽의 미래가 나의 미래처럼 궁금하여 오후가 다 지나서 그릇을 들여다보았다. 작은 주먹을 둥글게 굴러 두었는데 얼굴 가까이 만큼 둥글어졌다. 움직이는 얼굴을 가만히 보고 있으려니 멋대로 부풀어 어쩔 줄 모르는 감정의 성장판을 달리는 떼거리가 몰려 있는 것 같다. 그래서였나 하나에 집중한다는 것은 무한한 마음이 되는 것 같았다. 이것은 우연이 맞는지 모르겠다. 우연이 아닐수도 있다. 불행이 오고 즐거움이, 기쁨 슬픔이 우연히 오고 우연히 아니 올 수 있듯이 이 모든 것은 내가 만들어가는 미래의 반죽이다. 미래는 그릇을 타고 넘어간다. 살아 움직이는 연체들의 역동성이다.

역동이라는 단어를 실감하였다. 태풍이 지나간 모래 바닥에서 무엇이 반짝였다. 빛을 받으며 움직이는 물체, 익사체의 항문으로 가장 먼저 침입하여 내장 먹은 문어라고 그곳의 주민이 말했다. 나머지를 나는 주관적으로 해석한다. 당신은 어떤가.

한밤중 눈이 떠져서 방안을 둘러보면 캄캄한 벽 희끄무레한 것이 움직이기 시작한다. 시야가 넓어졌다 좁아지고 벌레가 꿈틀거리듯이 내 눈이 꿈틀거리듯이 가다가 멈추고 태연히 뒷짐 지고 서서 머리가 달랑거리며 돌아오고 어딘가로 멀어졌다. 눈을 크게 뜨면 제 자리로 돌아온다. 짐승인가 어제 봤던 사람인가 옷자락을 펄럭이며 내가 아는 사람 알 수도 있는 사람 익숙한 사람 예측 가능한 움직임의 사람으로 돌아오고 있다. 어둠이 끝날 때까지 공포는 끝없이 역동적이다. 가위눌리는 잠.

삶의 전개는 발효에서 시작된다. 모든 관계에서 섞이고 뭉치고 뭉그러져서 퍼져야 되는 결론. 힘 빼고 고집 풀고 제풀에 꺾어져서 부풀어야 하는 존재. 발효의 끝은 수많은 스펙트럼을 낳는다. 수많은 내가 생겨난다. 미래에 슬픔이 화를 만나서 어떻게 기쁨을 낳을지 부풀어 넘친다.

괭이밥

고양이가 죽었어

검은 털이
감각 이상으로 저장되어

괭이들의 우아한 세계란
여척없게 부드럽고 날카로워

마당에 살고 있는 괭이밥
풀을 알아버린 괭이들
발톱에 울음이 모자란다
길할미 길어미를 둔 수코양이
성체가 되어 꽃멀미를 앓으며
내가 없던 방문 앞에서
네 아비에게 뜯겨 죽어 갈 때
노란물을 쏟아내는
수컷의 운명은 야옹

너희 세계에서
우리들의 방식은 안녕한가 궁금해하며

>
대통령손자가 집안 망신 다 시킨다고
후레자식이라고 말했다
있는 자리 난 자리 모르고 날뛴다고 말했다

손이 기억하는 멀미
불어터진 멀미
실타래처럼 얽히는
멀미 병 우리

변신

마침 저기 있군요 HotLipsSage, 한 닢의 입술 발갛게 녹이고 있네요. 나는 푸른 입을 가질 멀미를 준비 중인데 아름다운 징그러움이죠. 바람에 뒤집히면 뜨거운 입술을 감각할지도 몰라요. 나의 스칼렛, 스칼렛세이지, 이것은 이국의 땅에서 만나는 나의 깨꽃, 피 묻은 음성에 뜻밖의 얼룩을 풀어냅니다.

체리세이지에 배를 딱 붙이고 오늘을 밀고 갑니다. 여러 항렬로 사는 데이지, 아름다움이라는 속도로 촘촘한 공간을 순회 중입니다. 이령을 넘기면 웅크렸던 색을 펼쳐 보내야 합니다. 레몬세이지 허니메론세이지 파인애플세이지 후르츠 세이지 두 고개를 노랗게 넘어 갑니다. 구아바세이지 러시안세이지 멕시칸부쉬세이지 로마니안세이지 달마시안세이지 예루살렘세이지 페루비안세이지, 생각만 해도 멀미 나는 멀고 먼 이국의 표정을 묶어 관리 중입니다.

당신의 마일리지

오늘을 세어보는 나의 숫자를 생각합니다

소중한 기억이 목을 빼고 쌓여있는 마일리지
당신이 쌓아 올린 새벽이거나
당신을 이해한 계절에
저절로 생기는 물방울처럼
나의 바깥이 생기는 일입니다

담백함이 사라진 레시피, 피로도가 넘치고 어찌된 일입니까
짜깁기는 당신의 노출 면적 만큼 바깥이 닫히는 일입니다
홍건한 바닥의 두려움 로직이 강한 습관 때문에 선명한 포인트가 밖으로 걸어 나가고 있습니다 '그러나'에 요철이 필요해 보이긴 하나 여전히 안정된 걸음입니다

지금까지 쌓아 올린 유년의 배경을 은박지처럼 휙 구겨 던지는 돌발성이 당신에 대한 유효기간이 됩니다
마지막 단추처럼 채워지는 어둑한 문장 묵직하더군요 자칫 성냥팔이 소녀나 캔디, 빨간머리 앤이 거주하는 곳으로 길을 잘못들까봐 아니 헨젤과 그레텔의 조약돌이 보이네요

길을 잃지 맙시다

지난날의 안색으로 정오의 빛이 툭 끊어지네요

강현숙

코끼리 다리가 끝없이 길어진다면* 외 6편

강현숙

　　　거기 아무런 표정이 없기를
　　　저녁이 오는 표정도
　　　새벽이 밝아오는 표정도
　　　없기를
　　　고통의 표정도
　　　웃음의 표정도
　　　슬픔의 표정도
　　　지워져 있기를
　　　아무런 표정이 남아 있지 않기를
　　　거짓도 진실도 읽히지 않을
　　　아침을 만나기를

　　1

　닿지 못할 거리에서 우연히 장미를 만나게 된다면 너의 불
안을 위로받을 수 있나,

　장미는 화려했고
　장미가 지는 시절과
　우리는 맞닥뜨려야 하네

\>
꽃이 지는 시간 밖으로
들어서는
너는 어디에,

2

올해가 왜 자꾸 내년인 것 같지

미래의 장미는 가책이 없는 거지

취한 장미는,
어느 방향으로 걸어갈 수 있겠니

3

오늘은 네게 물어볼 말이 있어,

먼 장미 옆에 장미 한 송이 피고
먼 장미 옆에 한 송이 시들어가고

\>

장미에서 장미로 소멸할 시간은 모두 어디로 가는지

오늘은 네게 들을 말이 있어,
우리가 만나서 무엇을 할 수 있는 지를

4

　그대가 전하는 말과 말 사이에 저승을 닮은 꽃이 피었다 침묵이기도 하고, 손에 잡히지 않을 허공이기도 하고 그 꽃은 눈에 보이지 않을 영원이기도 했다

붉은 꽃과 푸른 잎 너머로 아련히
이어지지 못할 雪國의 언어이다
한 생을 놓아버리고 여기를 떠난 생의
저물어가는 서녘에 내리는,
눈의 말이다

지도에도 없을 생이 토해내게 될 절규였으나
그대의 말은,
천 년의 어둠으로부터 퇴적되어 온 말이었으나

\>

저승과 이승 사이에서
꽃이 핀다면
그러한 꽃이 있다면
눈에 보이지 않을 盲目의 꽃이 필 것이다

여러 차원을 넘나드는 꽃을 본 적 있는지

꽃의 시선이 머물게 될 소실점과는 그대,
닿을 수 없을 것이다
꽃의 시선이 無量하다

5

초저녁 반달과 아직 보이지 않는 별과
떠오르는 죽음은,
투명한 것일까
숲의 나무와 나무 사이의 경계가 모호해질 때면
그만큼 삶과 죽음의 경계도 그러한지,
낮과 밤의 경계 끝에 서서
나무와 나무가 지워지는

길을 따라
걸어 올라가는 죽음이 보였다

6

배롱나무 꽃들 사이로 달이 지나간다

달빛과 배롱나무 꽃빛 사이로

당신과 나의 환상이
어긋나는 비행을,
혀를 잃은
슬픈 꽃춤을,

7

너를 모를 어느 곳에서
문득 눈을 뜬다면
높은 건물에 어리는 연한 빛을 본다면
살아있구나라는 생각도 할거야

은행의 열매는 익어가고
아침 일찍 혼자 김밥을 사 먹는 친구를 본 어느 우연의 아
침도 있었지

눈에 보이지 않는 빛으로 이루어진 성에 기대어 살아갈
숨구멍을 찾을 거야,

극한의 기울기로
순간을 산다면,

8

누군가는 꿈꾸는 코끼리가 나타났다고 말하고 누군가는
배롱나무 꽃숭어리가 배꼽으로 숨어들었다고 말하지

*

너의 힘든 하루를 생각했다
코끼리 다리가 끝없이 길어진다면,

* Salvador Dali의 작품 The Elephants(1948.)

비누가 거품으로 변하는 시간
벚꽃이 날려 쌓여가는 시간
비가 비껴서 날리는 시간

꿈에서라도 지나온 길이 꽃길이었더라면 간절히 바랄 때
가 있었다 한 시인은 시집 서문에서 꿈속의 꽃밭이 전부 시들
어 있었고 슬퍼하지 않았다라고 적었다

말을 입에서 내뱉는 순간 말은 진실이 아니고 시는 침묵이다

봄날이 간다라고 읊조리는데 누군가 흩어질 봄날을 붙들
겠다고 한다

나보다 많은 것을 포기해 본 사람은 나의 위선을 눈치챌 것
이다

집을 잃고 사람을 잃고 자신마저 잃은 이가 가방을 껴안은
채 거리를 지나간다 집이 있어도 사람이 있어도 잃어버리지
않은 것은 아니다

산다는 것은 우연도 아니고 운명도 아니라는 것,

사과를 자르고 나면 변색되는 자리처럼 사람이 서로 맞댄
자리가 변해간다

>

꿈길이 꽃길이 아니더라도 견딜 수 있겠니,

벚꽃이 한창 필 때 너를 만나고, 벚꽃이 다 떨어져 휘날릴 때 너를 만나러 가기도 한다

내일은 얼마나 중요한 거니 벚꽃은,

죽음이 거짓이고 장난일 수 있겠구나 모든 것이 끝이라는데 찰나의 순간 죽음을 쉽게 받아들일 수 있을는지 극심한 공포 없이 죽음이 곁으로 온다면 그것은 몇만 볼트 전기의 감전이겠구나

흰 꽃 핀 나뭇가지 위로 보이는 달이 공전 중이다 우리의 미래엔 무엇이 기다리고 있는 것일까 순간이 정지되고 너의 몸짓만 남는,

세상이 단 한 순간에 끝이라는 것은 뭘까 지나온 시간에 대한 반성도 필요 없고 미래에 대한 특별한 계획도 없이 지금 내게서 사라진다는 것은 무엇을 뜻하는 걸까
시간을 나누는 내가 있을 뿐, 시간을 나눈다는 것은 끝이

라는 시작에 대해선 아무 소용이 없다는 것,

　물에 넣으면 녹아버리는 설탕처럼, 저수지에 헤엄치는 물고기처럼, 툭 떨어지는 꽃처럼, 게임 중 버그가 나타나는 순간처럼,

　은행나무 아래 하염없이 앉아 있던 날도 있었지만
　어딘가에서 주전자에 물이 끓고 있겠지만
　누구는 섹스를 하고, 누군가는 이별하겠지만
　쓸쓸하다는 일도 거짓이고, 찬란하다는 날도 위선이었으며 감사하다는 날도 굴욕이었구나 늘 비굴하고, 늘 도적질이었으며, 늘 타인의 시간을 빼앗기 위한 전투적인 시간이었을 뿐이다 반성은 위선이고 눈물은 목적이었으며 죽은 척하며 살아남기 위한 발악을 왜 했을까

　타인을 난도질하며, 꽃은 아름답다 말하며,

　당신은 여기에도 과거에도 미래에도 없을 사람,

모래는 모래를 밀어내겠지만*

   돌탑 속에 겹친 산속의 그늘이 징그럽다 돌마다 얹힌 그늘과 그늘의 교차를 바라본다는 것은 괴롭다 돌탑 곁을 지날 때마다 무너트리는 일을 생각한다

   밖에서 찾으려 한 것을 당신에게서 볼 수 있는 것인지, 편안해진 건 아닌데 편안해 보인다고 그가 말해 준다, 너도 외롭다
   먼 미래에 올 꽃 피는 속도를 놓치고 있었다 매화나무 가지에 아직 물이 덜 올랐고 동백은 멀었고, 봄마다 너무 일찍 마중을 나갔다

   내일은 나를 인식하지 않으려 한다 어디 있는지, 무엇을 하는지, 어디로 가려 하는지를 놓치고자 한다

   꽃잎이 시간의 속도로 날리듯이 애타는 봄이 누구나 느끼는 편안한 질서였으면 했다 무질서의 질서, 흐트러짐의 경계에 내가 떠나고 난 뒤의 타인의 삶이 흘렀으면 했다

   미래가 없는 미래를 오래 끌고 왔다

    *

뭐 그리 사는 걸음

힘들었다고

뭐 그리 사는 걸음

슬펐다고

뭐 그리 깨달았노라고

지난 걸음 다

한 포기 들꽃에 지나지 않을 거라고

풀무덤 스러지는 일에 지나지 않을 거라고

그리도 배불러야 했고

그리도 참을 일이 무어 그리 있었다고

이 땅이며

이 풀이며

하늘이며 무어 그리 잘못이라고

분노할 일이며

다 망친 거라며 자책할 일은

또 무엇이던지

모래는 모래를 밀어내겠지만,

* 양안다 시 「부재」에서 '모래가 모래를 밀어내겠지만'

너는 꽃이구나, 분명하게

꽃은 주저함이 없다
따가운 햇살도, 긴 우기도 지나고
죽어가다가
살아남을 날이
찬란하다
꽃날개로 시간을 비행한다

낙화와 시들어가는 일과 같은
소멸의 유사 징후에
꽃은 떨고 있지
축축하고 음습하고 칙칙한 시간을
두려워하는구나

부정은 부정을 낳고
부정은 부정이 되어 버리고,

먼지 같은, 흙 같은, 물질 같은 것은
물질이 되면 되는 것이지

✲

\>

꽃의 색은 삶의 어느 한순간을 이별하지
본 적 없는, 다녀온 적 없는,
세상에도 없을 장소를,
드러내는 색은 낯설지 않아
꽃은 발을 지니고 있어,
이곳에서 저곳으로 건너뛰는 순간의 도약을
간직한 꽃은,
아련한 꿈을 꾸며 추락을 하지
추락 후 파편으로 남으며
꽃은 스스로

모호함을 감추는 거야
지독한 긴장을 파문으로 남기는 거야

어딘가로 떠나기 전 스러지는 波紋을 알아

＊

새벽의 운무 내리는 저수지를 밝히는
분홍꽃이 필 때,

누군가는 이승을 떠나고
누군가는 이승을 맴돌고
긴 밤 사물의 소곤거림이 새벽을 탄생시키며
자연스럽게
너는 꽃이구나, 분명하게

수목원

이 밤이 지나면 낮이 온다는 일이 당연하지 않게 될 때, 캄캄한 밤이 마지막이라는 것을 자주 각오한다

오지 않을 그를 기다리는 것처럼 비대칭적으로 삼월이 온다 이렇게 이월도 되돌아 온다면, 우리는 무언가를 시작해야 했으리라

고정된 온도와 습도에서 식물이 자란다 바깥은 겨울인데 계절이 식물을 실험하는 중이다

지구라는 온실에서 대상에 분개한다는 것은 꽃을 쫓는 여자의 시선처럼 집요하다 쓸쓸히 어울리지 않을 꽃을 심는다

식물의 형식이 저마다 달랐다 언제부턴가 점점 처절해지는 사람의 형식으로 가둘 수는 없다 사람들은 형식을 잃어버리기 시작했다

오늘이 오늘이라는 것을 알게 되었다 말해야 할 말이 하지 않아도 되는 말임을 알게 되는 시간에 누군가를 사랑하게 되리라는 것은 오류가 되었다

\>

닿을 수 없는 나라에는 노래도, 눈빛도 없었다

붓순나무를 보았다, 여린 나뭇잎이 슬펐다

순간은 마지막이라는 캄캄한 어둠을 감추고 있다는 것을
가끔 잊는다

사람 없는 창문이 컴컴해지기 시작했다

시든 꽃

시든 꽃을 선물할게, 죽인 꽃을 선물할게
손끝으로 건드리기만 해도 투둑 떨어질
말라버릴 꽃을 선물할게

거리에 꽃잎이 흩날리면,
물결 위로 마른 꽃잎이 떨어져 흔들리면,

시간이 지나가고 나면 그건,
어딘가에서 한 사람이 죽어가야 할 우연인 거야

흐린 표정으로
너는, 너의 얼굴이 목에
붙어 있는 줄 아는 거니

진작에 달아나버린 얼굴을,

멀리 있을 귀로부터 들려올 환청을,
없을지도 모를 너의 입이 내지를 불안을,
감각하지 못하는 너는, 꽃잎이 떨어져 휘날리는
난간 위를

>
무척 소중하게 너를 잃어버리며 간다

잔인했으면 좋겠네, 잔인하지 않은 척
윤리적인 척하는 거니 지금, 너의 방법은 진작에 낡아버
린걸

대낮에도 어두컴컴하게 너의 길을 갔으면 해

오로지, 시든 꽃이잖아

목소리를 낮추고, 표정을 지우며
살아있는 척 해봐,
무용한 일을 해보는 거야

물푸레나무

남몰래 죄를 짓고 돌아갈 집이 멀리 있는 밤은 고요했다
일생에 몇 번을 고요와 마주치게 되는 걸까

물푸레나무는 물푸레나무의 고요를 이해할 수 있을까

혼자인 것을 견디는 걸까

내가 나를 버린 이유는
이곳과 이어지지 않은 끊어진 시간에 있을 것이다

물푸레나무가 꽃을 버리는 이유는,

울다 잠든,

꿈속 해저터널에 바다가 보이지 않는다는 건 충격이었다

물푸레나무는 과거에 대한 기억을 가질까

오로지 생존에만 집중되며
지금을 향한다

비상하며 쟁취한다 내려앉을 곳을,

낯선 곳에 내려앉고 싶지만
익숙한 곳에 있는 이유는 무엇일까

물푸레나무는 물푸레나무 아래 물푸레나무

잔인한 꽃은 피고 지는 일도 잔인하다

나에게서 물푸레나무는 계절을 잃어버린다

떠나지 못하는 꽃, 핀 자리에서 그 자리로 지는 꽃, 홀로
화사한 꽃, 떠날 마음이 없는 꽃, 누구로 하여금 홀로이게
하는 꽃,

몰래 사라지는 세계의 그림자,

김려원

월요일 전시회 외 6편

김 려 원

월요일만 모아서 보여준다는
일요일 다음 화요일 展에 갔다 왔어요.
촘촘히 벌여놓은 월요일 볼거리 중에
굳게 잠긴 문과 똑똑 소리 매달린 창이
모두의 눈길을 끌었지요.

발코니의 화분에는
알뿌리 둥근 구근식물이 많아요.
엄마는 튤립이나 백합, 수선화가 노크 소리로 피는 꽃이라
했고
고요한 순간마다 여기저기서 두드림이 날 거라고
월요병 같은 건 걱정 말라고 했어요.
요일을 앓는다는 건 멋진 일이잖아요, 말하려다
아버지도 큰오빠도 애호박도 노크 소리를
기다려 월요일을 얻었다고 생각하니
입술에서 봉긋꽃이 피었지요.

주말은 풀숲으로 뱀이 사라지는 날이에요.
혐오의 뒤끝을 보는 일은
아무런 소리가 나지 않아서 말라버린 히아신스 같아요.

아버지와 큰오빠와 애호박이 똑똑
소리를 몰래 따먹으며
제자리로 돌아앉는 날이에요.
알뿌리들 일제히 알람 켜는 순간이에요.
봉긋꽃 피는 시각이에요.

展시회장에서 본
이전과 이후를 함께 두드리는 월요일
한 벌을 더 사야겠어요.

밟히는 초록

계급을 밝힌다면
푹신한 발밑이라는 자리
그 칸칸을 후투티 부리로
콕콕 찍어보면
쉴 새 없는 공방이 이어지지
초록은 왼편일까 초록은 재미난 걸까
재미난 초록이라면 자본의 꽃이라는 오른편일까
발밑은 풀이하지 않으므로
반칙도 규칙도 세면 안 되는 왼편일 테지
아니 이 끄트머리부터 저 끄트머리까지
오른편일 테지
이편과 저편의 질긴 연대를 펼치면
초록을 임대한 친선들이 시시때때로
공휴일을 뛰어다니는 법이라서
꽃 피지 않는 뿌리를 끌어올리는
꽃 피는 게임이 펼쳐지는 법이라서
계급을 밝힌 초록의 뿌리를
무심코 뒤집어본다면
얽히고설킨 왼 새끼와 오른 새끼가 거기 왼편 끝에서
저기 오른편 끝까지

줄 당기기 중임도 밝혀지는 법이라서
제일 하층인 초록이 지금
푹신한 발밑에서 눕고 일어서는 중이라서

5밀리 내외

그것
적시는 정도이지
어쩌면 충분한 원활이지

뿌려지는 정도이기도 하지
평생을 기다리는 길이이거나
놓치는 길이이거나
두 말 사이에
일곱 빛깔 반원 줄이 피는 일이거나

어쩌다 지나친 내륙의 예보에
여기저기 불평과 불편이라니
온갖 튄 자국들로
지저분해 귀찮아 내뱉는
날씨의 변증법이라니
하찮은 내외를 들먹이는 분량으로
재촉받는 꽃과 풀씨들이라니

적시고 뿌려지는 사이와 온기로도
꽃봉오리 붉게 물들지

풀씨들 빈 어디든 흘러들지
암수 구별 무지개가 나란히 솟는 날도 있지

새들 넘나드는 해안과 산간의 목록에
뜬구름 전개도로 펼쳐지는
젖음
5밀리

후회 氏

후회 氏가 나타나면 다들 외면한단다.

그의 징후를 얘기하는 건 어느 집안에서나 금기 사항이라 낮밤 피해 다니는데도 이유를 불문, 불문을 곡직하고 찾아온단다. 문서 끝자리에 이름 석 자를 빌려주거나 섣부른 단호함이 뛰어든 결정들, 그런 일엔 어김없이 나타나는

노상 아우성 후회 氏

후회 氏를 앉혀놓고 잔을 드는데 문득, 지난 일을 말소시키자고 투덜대는 후회 氏. 후회 氏는 모든 후회 氏의 집결지라서 오랜 가장의 약점이면서 오랜 아내의 효율적 공격력이라서 잔을 내려놓는데 문득, 돌이킬 수 없는 발을 걸고넘어지며 뒤엉키는 후회 氏

한때는 재바른 결정을 했다는 거니까 빛나는 확신이 있었다는 거니까
오래 앓은 후회 氏를 곁에서 지켜온 건 언제나 후회 氏니까
후회 氏는 변함없이 오늘의 방문자니까 후회 氏는 바로 당신이니까

도마도

입속의 친밀이 내뱉는 발음이 있다.
오십 년 된 엄마가 맛깔난 사투리같이
토마토를 도마도로 먹는다.
붉은 놀 질펀히 익어가는
꽃받침 없는 저녁을
매년의 계절인 양 무덤덤 먹는다.

덕담이 때를 놓치면 이가 빠지고
악담도 늙으면
소곤소곤 꽃이 피므로

입속의 제철을 재촉하여
시큰거리는 잇몸의 체중을 빼거나
무성한 혓바닥의 잡풀을 뽑는 날엔
제 무게에 겨워 바닥을 친 말끝에
빨간 이빨 자국이 나 있다.
과실들은 씨앗이라는 스스로의 식성이 있으므로
엄마의 소곤소곤이 욱신거린다.

새파란 토마토가 공손한 자세로 도마도

민낯의 발음으로 도마도
엄마의 말투로 도마도 도마도
도마도 낱낱의 줄기를 밀어 올리며

식물성 불면

한 권 노트에 식물성 단어를
가리지 않고 적었다
풀밭이라고
제목을 세웠다.

어쩔 수 없이 나는 식물성 단어로 대화하는 법을 배워야겠
다. 어제 들은 말이 저만치 자라있으니 내가 한 대답에서는
빨갛거나 노란 변명이 피어 있을 거다.

모든 대화는 과정일 뿐이므로 질문과 대답 사이로 한쪽 다
리를 잃은 고양이가 뛰어가고 감자꽃이 피고 진딧물과 개미
가 어느 맨발 같은 의견 사이를 지나가겠다.

너와 나를 뒤섞어 말할 수 있겠다. 저렇게 엉키고 넘어져
도 섞이지 않는 씨앗들, 봄과 여름을 긴 소문으로 채우고 나
서 누렇게 마르겠다. 가을, 그래서

겨울잠 자려는 말들을
다섯 살의 입술로 배워야겠다.

>
겨울 풀밭을 새로 적어야겠다.

질문과 대답 사이로 유리창에 흰 꽃 흐드러지고 볼과 볼에
가랑눈 물들면
파스텔화에 접어든

불면의 뒤척임이 빼곡하게 자라날 거다.

굿 모닝 좋은 아침

누가 잠 밖에서 망치질을 한다.

고단한 겨를이 반듯하게 펴지다가 한 뼘 서너 뼘 깊어지다가 쾅쾅 우그러지는 중이다.

이른 아침이 십자가에 박히고 젊은 목사는 깊이 박힌 못을 당기느라 과도한 죄를 사용한다.

종탑이 없는데 자꾸 종소리가 나고 아흔아홉 마리 양의 탈을 쓴 양들이 한 마리의 양을 사용하고 그 양이 잃어버린 길을 염려하고 있다.

토막 난 나무젓가락을 화분에 꽂은 소녀가 꽃밭이 펼쳐지길 기다리다가 흰 드레스를 입고 오르간을 두드린다.

벚꽃놀이 때 만난 수염 난 아저씨가 다가와 아코디언을 접었다가 펴자 긴 나무의자에 앉은 사람들이 하나둘 음계로 일어선다.

집사인지 권사인지 명찰 없는 사람이 이른 아침 구겨진 종

소리를 망치로 펴고 있다.

반듯하던 이불이 침대 위에서 콰앙 우그러진다.

깊이 박힌 양머리를 꺼낸 소녀가 이불 모서리를 수선하고
있다.

변방 연혁

— 1981년 12월 변방시동인 결성

— 1982년 4월 10일 변방 1집 발간

— 1983년 6월 20일 변방 2집 발간

— 1985년 5월 11일 박종해 시집 『산정에서』 발간(이하 첫 시집 만 기록)

— 1986년 8월 25일 변방 3집 발간

— 1987년 6월 1일 변방 4집 발간

— 1987년 9월 1일 강세화 시집 『손톱 혹은 속눈썹 하나』 발간

— 1989년 8월 1일 변방 5집 발간

— 1990년 6월 1일 변방 6집 발간

— 1991년 3월 15일 문영 시집 『그리운 화도』 발간

— 1991년 5월 25일 변방 7집 발간

— 1991년 6월 25일 최일성 시집 『새벽을 뚫고 나온 화살』 발간

— 1992년 10월 20일 변방 8집 발간

— 1992년 10월 26일 이충호 시집 『마라도를 지나며』 발간

— 1993년 12월 10일 변방 9집 발간

— 1994년 7월 30일 변방 10집 발간

— 1994년 11월 5일 홍수진 시집 『오늘 밤 내 노래는 잠들지 못 한다』 발간

— 1996년 9월 25일 변방 11집 『한때 내가 잡은 고래』 발간

— 1996년 12월 5일 변방 12집 『대숲은 걸어보면 안다』 발간

— 1997년 10월 14일 홍수진 시인 타계

— 1997년 11월 31일 변방 13집『세기말을 건너는 노래』발간

— 1998년 10월 10일 박종해 시인 제1회 울산광역시문화상 수상

— 1998년 12월 10일 변반 14집『잘가라, 나뭇잎』발간

— 1999년 8월 김종경 시집『동백섬은 사람을 그리워하지 않
는다』발간

— 2000년 10월 김종경 시인 제3회 울산광역시문화상 수상

— 2000년 11월 30일 변방 16집『꽃잎 편지』발간

— 2001년 12월 변방 17집『나는 아직도 만년필로 편지를 쓴
다』발간

— 2002년 12월 변방 18집『얼음 속 타는 불꽃』발간

— 2003년 12월 변방 19집『풀잎의 눈』발간

— 2004년 12월 변방 20집『실업은 힘이 세다』발간

— 2005년 변방 21집『귀뚜라미 편에 이메일을 띄운다』발간

— 2005년 숲속시인학교 운영

— 2006년 12월 변방 22집『목련을 읽다』발간

— 2006년 숲속시인학교 운영

— 2006년 4월 신춘희 시집『풀잎의 노래』발간

— 2007년 12월 변방 23집『길에서 말붙이기』발간

— 2007년 숲속시인학교 운영

— 2008년 12월 변방 24집『왜 고양이 울음에는 눈물이 없는
가』발간

— 2008년 숲속시인학교 운영

— 2009년 12월 변방 25집『구름의 등고선』발간

— 2009년 숲속시인학교 운영

— 2010년 12월 변방 26집『머언 소식처럼 낙엽 하나가』발간

— 2011년 11월 임윤 시집『레닌 공원이 어둠을 껴입으며』발간

— 2012년 12월 변방 27집 『말의 질주는 푸르다』 발간
— 2013년 12월 변방 28집 『얼룩으로 만든 집』 발간
— 2014년 12월 변방 29집 『목숨의 단층』 발간
— 2014년 5월 장상관 시집 『결』 발간
— 2015년 10월 박정옥 시집 『거대한 울음』 발간
— 2015년 12월 변방 30집 『나무의 몸』 발간
— 2016년 12월 변방 31집 『익숙한 햇볕』 발간
— 2017년 9월 변방 32집 『빈 그물로 오는 강』 발간
— 2018년 11월 변방 33집 『버려진 음률』 발간
— 2019년 10월 변방 34집 『얼룩무늬 손톱』 발간
— 2020년 11월 변방 35집 『박제된 초록』 발간
— 2020년 12월 강현숙 시집 『물소의 춤』 발간
— 2021년 7월 이강하 시집 『파랑의 파란』 발간
— 2021년 11월 변방 36집 『매듭을 푼 소리』 발간
— 2022년 10월 김려원 시집 『천년에 아흔아홉 번』 발간
— 2022년 11월 변방 37집 『액체사회』 발간
— 2022년 11월 황지형 시집 『사이시옷은 그게 아니었다』 발간
— 2023년 현재 정회원 11명
   박종해, 강세화, 신춘희, 문 영, 임 윤, 장상관, 황지형, 박
   정옥, 강현숙, 이강하, 김려원

— 역대 울산시문화상 수상
   박종해, 김종경, 신춘희, 최일성(작고)
— 역대 울산문인협회회장 역임
   박종해, 김종경, 신춘희, 이충호, 최일성(작고), 홍수진(작고)

시인들 소개

박종해 1942년 울산출생. 성균관대학교 졸, 1980년 『세계의 문학』으로 등단. 시집 『이강산 녹음방초(민음사)』외 13권, 일어영어번역시집 『귀환』, 『시와 산문선집』. 이상화시인상, 대구시협상, 성호문학대상, 예총예술문화대상등 수상. 울산문협회장, 울산예총회장, 북구문화원장등 역임

신춘희 1973년 『현대시학』으로 작품활동 시작. 1980, 1982, 1983년 《매일신문》 신춘문예 당선. 1985년 『월간문학』 신인상. 시집으로 『풀잎의 노래』, 『중년의 목소리』, 『늙은 제철소』, 『식물의 사생활』등이 있음

강세화 1986년 『현대문학』으로 작품활동 시작. 시집으로 『수상한 낌새』, 『행마법』등이 있음

문 영 1988년 『심상』으로 작품 활동 시작. 시집으로 『소금의 날』, 『바다, 모른다고 한다』등. 비평집으로 『변방의 수사학』, 산문집 『발로 읽는 열하일기』등이 있음. 창릉문학상 수상

임 윤 2007년 『시평』으로 작품활동 시작. 시집으로 『레닌 공원이 어둠을 껴입으면』, 『서리꽃은 왜 유리창에 피는가』등이 있음

장상관　2008년『문학·선』으로 작품활동 시작. 시집으로『결』,『사는 혹은 살아가는 편린』,『상심한 말들의 귀로』이 있음

황지형　2009년『시에』등단. 시집『사이시옷은 그게 아니었다』,『내내 발소리를 찍었습니다』. 명지문화예술상 수상

이강하　경남 하동 출생. 2010년『시와세계』로 작품 활동 시작. 시집『화몽花夢』,『붉은 첼로』,『파랑의 파란』. 랜선시집『햇빛지혈』

박정옥　2011년『애지』로 작품활동 시작. 시집으로『거대한 울음』,『lettering』이 있음

강현숙　2013년『시안』으로 작품활동 시작. 시집으로『물소의 춤』이 있음

김려원　2017년『진주가을문예』시 당선. 시집『천년에 아흔아홉 번』. 랜선시집『처음처럼 대작』

변방 38집

돌의 카톡

발　　행　　2023년 11월 30일
엮 은 이　　변방동인
펴 낸 이　　반송림
편집디자인　　반송림
펴 낸 곳　　도서출판 지혜, 계간시전문지 애지
기획위원　　반경환
주　　소　　34624 대전광역시 동구 태전로 57, 2층 도서출판 지혜
전　　화　　042-625-1140
팩　　스　　042-627-1140
전자우편　　eji@ji-hye.com
　　　　　　ejisarang@hanmail.net
애지카페　　cafe.daum.net/ejiliterature

ⓒ 변방동인, 2023

ISBN　　　979-11-5728-528-0　03810
값　　　　　10,000원